여호수아
역사를 만들어가는
사람들: 여호수아

이성호 지음

LIVING IN FAITH SERIES
JOSHUA

Copyright © 2005 by Cokesbury

All rights reserved.

No part of this work may be reproduced or transmitted in any form or by any means, electronic or mechanical, including photocopying and recording, or by any information or retrieval system, except as may be expressly permitted in the 1976 Copyright Act or in writing from the publisher. Requests for permission should be addressed in writing to Permissions Office, 201 Eighth Avenue, South, P. O. Box 801, Nashville, TN 37202, or faxed to 615-749-6512.

Scripture quotations in this publication, unless otherwise indicated, are taken from THE HOLY BIBLE with REFERENCE Old and New Testaments New Korean Revised Version © Korean Bible Society 1998, 2000. Used by permission by Korean Bible Society. All rights reserved.

Writer: Sung Ho Lee
Cover credit: © Richard Nowitz/Getty Images

Nashville

MANUFACTURED IN THE UNITED STATES OF AMERICA

차 례

제1과	하나님이 함께 하신다	5
제2과	나는 누구 편에 설 것인가?	9
제3과	가나안을 정복하는 지도력	13
제4과	기념비와 이정표	16
제5과	하나됨을 위하여	20
제6과	교만은 패망의 선봉	24
제7과	영적 분별력	28
제8과	왕들의 명단	33
제9과	믿음의 보상	37
제10과	좁으면 개척하라	42
제11과	지체하지 말라	47
제12과	분배를 마치고	50
제13과	복수보다 나은 것	53
제14과	하나된 민족	56
제15과	후대에게 물려줄 신앙의 유산	60

제1과
하나님이 함께 하신다
여호수아 1장

1. 성경 이해

여호수아 1장에는 "강하고 담대하라"는 말씀이 네 번에 걸쳐 나온다. 세 번은 하나님이 여호수아에게 하신 말씀이고, 한 번은 르우벤 지파와 갓 지파와 므낫세 반 지파의 백성들이 한 말이다.

첫 번째 "강하고 담대하라"는 말씀은 하나님께서 여호수아가 감당해야 할 사명을 격려하기 위하여 하신 말씀이다. 모세가 죽은 후에 여호수아는 이스라엘 백성들을 하나님이 약속하신 땅으로 인도해야 하는 사명을 감당해야 하는데, 그만 그 사명 앞에서 질리고 말 것 같았다. 그러나 하나님은 이처럼 사명감에 미리 겁을 내는 여호수아에게 말씀하신다. "네 평생에 너를 능히 대적할 자 없으리니 내가 모세와 함께 있던 것 같이 너와 함께 있을 것임이니라 내가 너를 떠나지 아니하며 버리지 아니하리니 강하고 담대하라 너는 내가 그들의 조상에게 맹세하여 그들에게 주리라 한 땅을 차지하게 하리라" (1:5-6).

두 번째와 세 번째 한 이 말씀은 여호수아에게 사명을 감당하되 권모술수와 인간적인 방법을 사용하지 말고 하나님만 의지할 것을 격려하기 위한 것이다. "오직 강하고 극히 담대하여 나의 종 모세가 네게 명한 그 율법을 다 지켜 행하고 우로나 좌로나 치우치지 말라 그리하면 어디로 가든지 형통하리니 이 율법책을 네 입에서 떠나지 말게 하며 주야로 그것을 묵상하여 그 안에 기록된 대로 다 지켜 행하라 그리하면 네 길이 평탄하게 될 것이며 네가 형통하리라" (1:7-8).

백성을 인도하다보면 하나님의 명에 어긋나는 일을 하고 싶은 유혹이 들 것이다.

이러한 격려에 힘을 입은 여호수아는 백성들을 모아놓고 드디어 가나안 정복을 위한 진격을 결심하라고 명령한다. 특히 요단 동편에 자리를 잡은 르우벤과 갓과 므낫세 지파 중 반 지파에게 함께 가나안 정복에 동참한 후에 다시 돌아와 자리를 잡고 살 것을 부탁한다. 이 때 두 지파 반의 백성들이 나와서 여호수아에게 다시 하나님이 하셨던 이 말로 자신들의 충성을 다짐한다.

"오직 강하고 담대하소서."

하나님이 사명감을 고취시키고, 하나님만 의지할 것을 격려한 말에 따라 움직일 때, 백성들도 같은 말로 충성을 맹세하는 일이 벌어진다.

우리가 하나님만 믿고 하나님의 사명을 따라 헌신할 때, 우리의 자녀들과 우리의 종업원들과 우리의 동역자들이 그와 같이 우리와 동행할 것임을 보여 준다. 먼저 내가 하나님께서 주신 사명을 하나님의 방법으로 이루겠다는 각오와 순종의 모습을 보일 때, 우리 주변의 돕는 이들도 그와 같은 헌신을 보여준다는 것이다.

2. 생활 속의 이야기

 어떤 집사님의 남편이 암으로 돌아가셨다. 그 동안 두 자녀를 키우면서 살림만 하던 분이라 앞길이 막막하였다. 두 아이들을 뒷바라지하면서 살아 갈 수 있을까 걱정하고 있던 이 집사님에게 어떤 분이 아주 잘 되는 비디오 가게를 넘겨주었다. 그렇게 육체적으로 힘든 일도 아니고, 많은 기술이 필요한 일도 아니라서 얼른 받아서 운영을 하였다. 그러나 장사를 하면서 마음에 걸리는 것이 있었다.
 그것은 비디오 가게를 하면서 성인용 비디오를 대여해야 된다는 것을 알게 된 것이다. 비디오를 대여할 때마다 기독교인으로서 하지 말아야 될 일을 자신이 하고 있는 것 같은 양심의 가책을 받게 된 것이다. 이 문제로 기도하다가 자녀들과 의논하게 되었다. 중학교와 초등학교에 다니는 두 아이들은 어머니가 신앙적인 문제로 고민하는 것을 듣고는 가게를 처분하자는 쪽으로 생각이 모아졌다. 남편이 돌아가신 후에 겨우 먹고 살 방도를 찾았는데, 신앙적인 이유로 포기하는 것이 아깝기도 했지만 자녀들의 격려로 결단하였다.
 지금 그 집사님은 비디오 가게를 처분하고 드랍오프 세탁소를 하면서 어렵게 살아가고 있다. 그러나 주일을 쉴 수도 있고, 마음에 걸리는 것도 없고 마음이 편하다고 한다. 경제적으로 어렵게 살기는 하지만, 신앙생활 하면서 자녀들을 키울 수 있는 현재의 처지를 감사한다. 자녀들이 앞으로 자라면서 하나님의 은혜로 좋은 직업을 가지면서 형편이 나아질 것이라는 희망도 있다. 돈의 유혹에 넘어가지 않은 것을 감사하면서 살고 있다.

3. 묵상을 위한 질문

(1) 앞길이 막막하게 느껴지는 상황에서 신앙 양심에 어긋나는 방법으로라도 그 상황을 벗어나고 싶은 유혹을 당해본 적이 있었는가? 그리고 그 유혹을 어떻게 극복하였는가?

(2) 내가 죽고 싶은 상황에 처했을 때 나의 곁에서 용기를 주고, 함께 그 상황을 극복하도록 도와준 사람들이 있으면 그 상황에 대한 체험담을 서로 나누어보자.

4. 결단에의 초청

지금 나에게는 아무 희망이 없다고 할 막막한 상황에 부딪쳐 있습니까? 미국 땅에서 아무런 연고도 없는 형편에 처해 있습니까?

무슨 수단이든지 써서 살고 봐야 되겠다는 생각이 들 때가 오히려 신앙의 정도를 생각할 때입니다. 하나님이 살아 계신 것을 체험하고 신앙이 자랄 수 있는 좋은 기회입니다. 하나님 앞에 지금 무릎을 꿇고 기도하십시오. 하나님의 은혜로 돕는 손길과 함께 할 손길을 찾게 될 것입니다. 우리는 하나님의 손에서 벗어나 있지 않습니다.

제2과

나는 누구 편에 설 것인가?

여호수아 2장

1. 성경 이해

여호수아 2장에는 기생 라합이 등장한다.
신약성경 히브리서 11: 31은 "믿음으로 기생 라합은 정탐꾼을 평안히 영접하였으므로 순종하지 아니한 자와 함께 멸망하지 아니하였도다"라고 기록하고 있다. 믿음장인 히브리서 11장에 나온 사람들은 아벨, 에녹, 노아, 아브라함과 사라, 이삭, 야곱, 요셉, 모세의 부모, 모세 등이다. 이스라엘 역사에 신앙으로 우뚝 솟은 선조들의 반열에 기생 라합이 속해 있다. 그러면 기생 라합이 보여준 믿음은 구체적으로 어떤 믿음이었는가?
여호수아는 가나안을 정복하러 진입하기 전에 정탐꾼을 보냈다. 그런데 이스라엘의 정탐꾼들이 가나안 땅에 잠입했다는 정보가 이미 여리고 왕에게 전달되었고, 여리고 왕은 그 정탐꾼들이 기생 라합의 집에 숙소를 정한 것을 알고 군사들을 보내어 그들을 잡으려고 하였다. 그런데 기생 라합은 정탐꾼들을 숨겨주고 여리고 왕에게 넘겨주지 않는다. 정탐꾼들이 자기 숙소에 오기는 왔었지만 이미 떠나고 어디로 갔는지 모른다고 둘러대고는 빨리 쫓아가라고 군사들을 따돌린다. 기생 라합은 사실 정탐꾼들을 지붕에 벌여 놓은 삼대에 숨겼던 것이다. 기생 라합이 그 정탐꾼들을 숨겨준 것은 하나님을 믿는 믿음 때문이었다.

구약성경은 기생 라합의 동기에 대해 이렇게 분명하게 말한다. "여호와께서 이 땅을 너희에게 주신 줄을 내가 아노라" (2:9). 기생 라합은 벌써 하나님이 여리고를 이스라엘 백성에게 주셨다고 믿었다. 그렇게 믿은 근거를 이렇게 말한다. "너희가 애굽에서 나올 때에 여호와께서 너희 앞에서 홍해 물을 마르게 하신 일과 너희가 요단 저쪽에 있는 아모리 사람의 두 왕 시혼과 옥에게 행한 일 곧 그들을 전멸시킨 일을 우리가 들었음이라 우리가 듣자 곧 마음이 녹았고 너희로 말미암아 사람이 정신을 잃었나니 너희의 하나님 여호와는 위로는 하늘에서도 아래로는 땅에서도 하나님이시니라" (2:10-11).

여기서 기생 라합이 하는 이야기의 내용은 출애굽 때 보여준 하나님의 능력, 광야에서의 40년 생활에서 보여주신 하나님의 능력, 그리고 요단 동편에서 아모리 왕들을 격파할 때 드러난 하나님의 능력을 보고 여호와 하나님을 인정하게 되었고, 그 하나님이 이 여리고도 주실 줄을 믿었다는 것이다. 애굽 왕 바로가 믿기를 거부했던 하나님, 광야에서 그 모든 기적을 체험한 이스라엘 백성들도 인정하지 않고 끊임없이 불평했던 하나님, 아모리 왕들이 비웃었던 하나님을 기생 라합은 이야기만 듣고도 믿었다는 것이다. 이것이 히브리서 11장에서 믿음의 본으로 예를 들은 기생 라합의 믿음이다.

신약성경 야고보서는 기생 라합을 행함의 대표적인 본보기로 기록한다. "또 이와 같이 기생 라합이 사자들을 접대하여 다른 길로 나가게 할 때에 행함으로 의롭다 하심을 받은 것이 아니냐" (2:25). 더 놀라운 것은 이처럼 야고보가 행함의 예로 들고 있는 사람들은 아들 이삭을 번제단에 바친 행위를 통하여 믿음을 보여준 아브라함과 여기 말하는 기생 라합 둘 뿐이다. 기생 라합은 믿음의 조상 아브라함과 같은 반열에서 믿음을 행한 인물로 들고 있다. 야고보서 2장 26절은 "영혼 없는 몸이 죽은 것 같이 행함이 없는 믿음은 죽은 것이니라"고 결론을 내린다. 이렇게 해서 기생 라합은 자신의 믿음을 적극적으로 실천하되 마치 사랑하는 독자 이삭을 바친 아브라함과 같은 정도의 믿음을 보여주었다는 것이다.

　기생 라합은 하나님 편에서 일을 할 기회가 생겼을 때, 과감하게 자신의 모든 것을 투자하여 하나님 편에 섰다. 그 결과로 모든 일가친척들이 생명을 건지게 된 것은 물론이고, 예수님의 족보에 이름이 들어가게 되었다. 라합은 히브리서와 야고보서에서 신앙인의 모범이 되었다.

2. 생활 속의 이야기

　어느 집사님이 계셨다. 그는 동두천에서 물장사도 했고, 미군과 결혼해서 미국에 온 후에 이혼도 여러 번 했다. 그러다가 미국에 와서 처음 나가기 시작한 한인교회에서 예수님을 영접했다. 예수님을 영접한 후에 같은 교회 다니는 한 집사님을 통해 미용 기술을 배워서 미용사가 되었다.
　어느 날 교회에 와서 설교하는 목사님으로부터 동두천에 있는 혼혈아동들에 대한 참상을 듣고 마음에 감동을 받았다. 그 아이들을 위한 헌금을 하기로 결심하였다. 많은 액수는 아니었지만 하나님은 그 아이들을 위해 헌금하는 사람들의 기도를 외면하시지 않을 것이라는 믿음이 생겼기 때문이었다. 지금까지 차별 받는 수많은 사람들을 사랑으로 구원하신 하나님이 그 아이들의 인생을 책임져 주실 것으로 믿고, 자신은 성령이 요청하시는 구제 사역에 동참하기로 한 것이다. "나 같은 사람도 하나님의 일에 쓰임 받고, 내가 번 돈이 하나님의 사역에 쓰인다"는 기쁨으로 했다. 그것이 그에게는 가장 소중한 것이다.

3. 묵상을 위한 질문

(1) 내가 지금 하는 일이 하나님의 편에 선 일이라는 확신 때문에 기쁨을 경험해 본 적이 있는가? 언제, 어디서, 무엇으로 그러한 기쁨을 경험해 보았는가?

(2) 하나님의 일이라는 확신이 들면서도 주변 환경 때문에 참여하지 못해서 마음이 괴로웠던 일들은 어떤 것들이 있는가?

4. 결단에의 초청

하나님께서 일을 추진하고 계시기 때문에 지금 마음에 감동이 오는 일들이 있습니까? 나의 편견과 환경과 주변의 시선 때문에 망설이지 말고 결심하십시오. 그 열매는 성도님의 인생을 바꾸어 놓을 것입니다.

제3과

가나안을 정복하는 지도력

여호수아 3장

1. 성경 이해

여호수아 3장에는 이스라엘 백성들이 요단강을 건너는 장면이 나온다. 이것은 이스라엘 백성이 출애굽 할 때 홍해를 건넜던 것에 견줄만한 사건이다.

그러나 여기서 출애굽 당시의 홍해를 건너던 일과 가나안 진입 당시의 요단강을 건너는 일과는 몇 가지 차이가 있다. 첫째 차이는 이스라엘 백성들이 언약궤를 앞세웠다는 것이다. 홍해를 건널 당시에는 이스라엘은 노예였다. 아무 교육도 받지 못하였고, 강제 노역에 시달리던 노예들이 오직 하나님의 놀라운 기적과 강력한 힘으로 출애굽을 경험하였다. 이스라엘 중에서 제대로 공부를 하고 교육을 받은 사람은 지도자 모세 한 사람뿐이었다. 그러나 이제 광야에서 40년이라는 세월을 모세와 함께 지내온 광야 세대들은 달랐다. 그들은 하나님의 율법을 교육받았고, 하나님의 계명이 새겨진 돌판을 담은 언약궤를 앞세우고 다녔다. 하나님의 율법에 따라 조직되어 있었고, 열두 지파가 각자 사명과 조직을 가지고 있었다.

두 번째 차이는 이스라엘 백성이 홍해를 건널 때는 모세 한 사람이 하나님의 명을 받아 행동을 취하였지만, 3장에서 요단강을 가를 때는 열두 지파에서 한 사람씩 열두 사람을 대표로 뽑아서 함께 행동하였다는 점이다. 언약궤를 맨 제사장들이 단체로 요단강에 발을 디디자 강물이 멈추었고, 그들이 함께 강 속에 굳건히 서 있을 때, 이스라엘 온 지파들은 질서정연하게 요단을 건너게 된다. 광야를 지날 때 필요한 지도력과 가나안에 들어가서 나라를 건설해야 되는 지도력의 중요한 차이점을 여기서 보게 된다.

2. 생활 속의 이야기

이민 1세들의 사업 방식은 몸으로 때우고, 감으로 하는 식이다. 그러나 우리 2세 3세들은 미국에서 제대로 교육도 받았고, 미국의 제도와 법률도 알고, 민주적인 질서와 조직을 운영하면서 산다. 이민 1세들에게는 출애굽이 중요했고, 광야생활이 종착점이라면, 이민 2세들은 광야에서 태어났지만 가나안 입성이 종착점이 될 것이다.

이것은 마치 이민 1세들이 한 사람의 카리스마에 의존해서 교회를 세우고, 한 사람의 지도력에 의존해서 한인사회를 이끌던 시대가 지나고, 평신도들의 협조된 리더쉽에 의해 교회를 이끌어 가고 각각의 이익 단체들의 단체장들이 민주적인 방식으로 조직하고 협조하여 한인사회를 이끌어 가는 방식으로 변화되는 것과 같다.

이제는 교회가 목회자 한 사람의 지도력에 의존하거나, 한인사회가 한 명의 영웅과 위인에 의존하는 식으로는 미국 땅에서 제대로 기여할 수 없게 되었다. 서로 협력하여 일하는 길만이 요단강은 멈추게 하는 길이다.

물론 하나님의 법궤를 멘 제사장들이 먼저 앞서 가야 할 것이다. 그것은 목사님들이 앞자리에 앉아야 한다는 말이 아니라, 하나님의 말씀을 앞세워서 모든 한인들이 협력해야 한다는 말이다. 가나안 땅은 우리 눈앞에 있다. 하나님의 약속의 말씀도 우리에게 있다. 우리가 하나님의 말씀을 앞세우고 협력한다면 요단강을 건너 갈 수 있다.

3. 묵상을 위한 질문

(1) 우리 2세들에게서 배울 수 있는 장점들은 어떤 것들이 있는가?

(2) 우리 한인 동포 사회를 하나로 묶을 수 있는 가장 효과적인 방법 중에서 신앙적으로 받아들일 수 있는 것은 무엇일까?

4. 결단에의 초청

이제는 우리 다음 세대를 키우는 일이 필요합니다. 내가 모든 지도적인 자리를 차지하고 싶은 마음을 접고 아직 미숙해 보이고 어려 보여도 지도력을 나누는 연습이 필요합니다. 어리게 보았던 사람들이 벌써 각 분야에서 활약하고 있지 않습니까? 지도자들을 발굴하고, 훈련하고, 키우는 일에 힘을 합치는 한인 동포 사회와 한인교회가 되기를 위해 기도합시다.

제4과
기념비와 이정표
여호수아 4-5장

1. 성경 이해

여호수아 4장에는 두 개의 다른 돌 비가 나온다. 하나는 요단 가운데 있는 기념비다 (4:9). 그것은 여호수아가 요단 가운데서 돌 열두 개로 세운 비석이다. 또 다른 하나는 길갈에 세운 이정표다 (4:20). 그것은 열두 지파가 요단강에서 돌 하나씩을 가져다가 길갈에 세운 것이다. 이것들은 과거를 요단강 가운데 묻고, 미래를 길갈에서 시작하는 것이다.

요단 가운데 세워진 열두 돌덩어리는 이스라엘 열두 지파를 상징한다. 즉, 이스라엘 열두 지파가 요단강 가운데 물에 빠져 죽었어야 하는데 죽지 않고, 하나님의 은혜로 강을 무사히 건넜음을 기억하는 것이다. 그것으로 이제 애굽에서 노예생활을 하던 과거는 강물 속에 잠겼다. 그리고 이제는 새로운 민족이 탄생된 것이다.

그 다음에 길갈에 세워진 열두 돌덩어리는 새롭게 태어난 이스라엘 열두 지파를 상징한다. 새롭게 탄생된 이스라엘의 영원한 생명을 기원하면서 길갈에서 새롭게 출발을 다짐하는 이정표를 세운 것이다.

이것은 마치 기독교인들이 받는 세례식과 같다. 세례를

받을 때, 우리들은 나의 옛 모습은 이제 완전히 죽었고, 새 생명으로 태어났다고 선언한다. 이처럼 개인이나 공동체나 과거를 묻고 앞으로 전진하는 방향을 설정하는 계기가 필요하다. 기념비와 이정표는 바로 그러한 계기에 세워지는 것이다.

여호수아 5장은 이스라엘 백성들이 길갈에 이정표를 세워놓고 하나님의 말씀을 다시 받는 장면이다. 산지의 아모리 사람들과 해안 지대의 가나안 사람들은 하나님의 놀라우신 역사로 요단강이 말라서 이스라엘이 마른 땅처럼 건넜다는 소식에 이미 싸울 의사를 잃어버렸고 마음이 녹았다. 그러나 이스라엘 백성들은 이런 상황에서 두 가지 중요한 일을 감당한다.

첫째로, 부싯돌로 칼을 만들어 이스라엘 자손들에게 할례를 행한다. 할례는 하나님께서 아브라함과 언약을 맺으시고 주신 언약의 표시이다. 할례는 아브라함이 하나님만 의지하겠다는 약속의 표시이다. 그 이후로 할례는 이스라엘 백성에게 하나님의 백성이 되었다는 민족성의 표시가 되었다. 이스라엘 백성들이 길갈에서 할례를 받았다는 것은 가나안 땅에 들어가기 전에 자신들의 민족적 정체성을 다시 확인하였다는 뜻이다.

둘째로, 이스라엘 백성들이 파종을 하고 곡식을 심어 추수를 하여 먹는다. 광야에 있을 때는 하나님이 주시는 만나를 먹었다. 그러나 이제 가나안 땅에 들어오면서 농사를 지어 그 땅의 소산을 먹었다. 그뿐만 아니라 "그 땅의 소산물을 먹은 다음 날에 만나가 그쳤으니 이스라엘 사람들이 다시는 만나를 얻지 못하였"다 (5:12).

2. 생활 속의 이야기

1992년 4월 29일은 로스앤젤레스에서 폭동이 일어나 수많은 한인 이민자들이 생의 터전을 잃어버린 날이다. 그런데 몇 년이 지나면서 사람들은 이것을 이미 잊고 있다.

우리는 그러한 폭동을 통해 배운 것들을 기념하는 기념비를 세워 놓아야 한다. 열두 지파가 각각 한 덩이의 돌을 놓았듯이 로스앤젤레스가 아닌 다른 도시들에 사는 한인들도 힘을 합하여 4/29 폭동을 기억하고 그 교훈을 되새기는 행사를 계속해야 한다. 그리고 하나님의 은혜로 그 어려움이 지나가고 상처가 치유된 것을 간증해야 한다.

그와 동시에 길갈에도 기념비를 세워야 한다. 과거에 잘 못했던 것을 기억하는 것만으로는 부족하다. 앞으로 나아갈 이정표를 세우는 것이 중요하다. 4/29 폭동과 같은 비극을 다시 겪지 않기 위해 한인 동포 공동체가 어떤 정치적인 계획을 세우고 주류 사회에 참여할 것이며, 다른 소수민족들과는 어떤 관계를 세워가야 할 것인가를 논의하고 비전을 제시하는 이정표가 중요하다.

특히 교회는 하나님의 말씀에 입각하여 우리 한인 동포 사회가 미국의 주류 사회에서 감당해야 될 사명을 선포해 주어야 한다.

2003년에 하와이 이민 선교 백주년을 기념하는 행사가 있었다. 이러한 행사들이 요단강 안에 세운 돌무덤과 길갈에 세운 이정표라고 할 수 있다. 앞으로의 100년이 우리 한인 이민 동포들이 하나님의 뜻 안에서 미국을 신앙으로 이끄는 기간이 되기를 기도한다.

3. 묵상을 위한 질문

(1) 내 인생에 하나님의 은혜를 간증할 수 있는 기념비가 되는 사건이나 장소는 무엇인가?

(2) 우리 한인 이민자들의 신앙 공동체의 이정표가 될 사건이나 이념은 무엇이라고 생각하는가?

4. 결단에의 초청

우리 하나님은 앞에서 인도하시는 하나님이십니다. 한국에서 무슨 직업을 가졌든지, 무슨 화려한 경력을 가졌든지 다 십자가 앞에 내려놓고 이제 새롭게 출발합시다. 우리를 미국까지 인도하신 하나님의 섭리를 말씀 가운데 묵상해 보고 과연 나의 남은 인생에 어떤 일들을 하면서, 어떤 방향의 삶을 사는 것이 하나님의 백성에게 합당한 모습인가를 생각해 봅시다.

제5과
하나됨을 위하여
여호수아 6-7장

1. 성경 이해

　여호수아 6장은 여리고 성이 무너진 이야기이다. 여리고 성은 가나안 땅의 정복이 좌우되는 중요한 요새이다. 이러한 전략적 중요성 때문에 여리고는 아주 강력하게 방어했었고, 이것을 정복한다는 것은 거의 불가능에 가까운 일이었다. 그러나 여리고 성의 정복이 전적으로 하나님의 능력에 의한 것임을 보여주시기 위해 하나님은 여호수아에게 아주 이해할 수 없는 명령을 내리신다.

　하나님께서 내리신 명령의 내용은 제사장들이 나팔을 불며 언약궤 앞에서 행진하고, 언약궤를 따라 백성들이 성을 돌되, 백성들은 6일 동안은 아무 말도 하지 않고 하루에 한 번씩 그 주위를 돌라는 것이다. 그리고 일곱째 되는 날에는 한 번이 아니라 일곱 번을 돌면서 일곱 번째에는 제사장들의 나팔 소리와 함께 백성들도 함성을 질러 성을 무너뜨리라는 것이다. 하나님의 말씀을 듣고 그대로 순종하였을 때 여리고 성은 무너졌고, 이스라엘은 큰 승리를 거두었다.

　하나님은 백성들이 하나님 앞에 인내하고, 백성들 사이에 협조하고 단결하는 것을 배우기를 원하셨다. 사실 하루에 한 번씩 아무 소리도 내지 않고 그것도 6일 동안이나 그 수많은 군사들이 성을 돈다는 것은 쉬운 일이 아니다. 여기서 불평하는 사람이나 의심하는 사람이 하나라도 생겼다면 이것은 할 수 없는 일이다. 적을 공격하기 전에 먼저 내부적으로 단결되어야 한다는 것을 보여준다. 그러한 단결된 힘을 가지고 제7일에 소리 높여 함성을 지를 때 성은 무너진다.

그 반면에 여호수아 7장은 이스라엘 백성들이 하나가 되지 못하고 한 개인이 자기 욕심을 채웠을 때 나타난 결과에 대하여 기록하고 있다. 7장에 나오는 아이 성은 여리고 성에 비하면 규모가 아주 작은 성이다. 그래서 이스라엘 군사들은 아이 성을 치러 가면서 약 2,000 내지 3,000명의 군사만 가져도 족히 점령할 수 있을 것이라고 믿고 공격을 시작했다. 그러나 결과는 참패였고, 오히려 이스라엘 군사 36명이 전사하는 치욕을 당했다. 여기서 여리고 성에서의 승리가 이스라엘의 군사력에 의한 것이 아니었음이 입증된다. 하나님이 함께 하지 않는 모든 전투는 패할 수밖에 없다.

이렇게 패하게 된 이유를 밝혔을 때, 여리고 성에서 아간이 전리품을 가로챈 사실이 밝혀지게 되었다. 아간은 하나님의 물건에 손을 대고 외투 한 벌과 은 200세겔과 50세겔 되는 금덩이 하나를 보고 탐내어 자신의 장막 속에 감추었다고 하는 자백을 하였다. 이스라엘 백성은 그 물건을 압수하여 하나님께 바치고, 모두 모여 아간을 돌로 쳐 죽임으로써 하나님 앞에 회개하는 의식을 치렀다. 그렇게 해서 아간의 시체를 중심으로 돌무더기가 생기게 되었고, 오늘날 그곳을 아골 골짜기라고 부르고 있다.

2. 생활 속의 이야기

한인 이민 공동체가 미국 주류 사회의 벽을 뚫고 승리하는 삶을 살기 위해서는 먼저 한인들이 하나가 되는 일이 필요하다.

개인적인 차원에서 이것을 적용해 보면 묵묵히 6일 동안 맡은 분야들에서 열심히 일을 해야 한다. 그리고 7일째 되는 날 주일이 되면 교회에 모여서 함께 큰 소리로 간구하고, 이 미국 땅을 허락하신 하나님의 영광을 찬양하며, 우리의 미래를 위한 하나님의 뜻을 말씀 가운데서 확인하는 것이다.

공동체의 입장에서 보면, 일정 기간은 각자 자기가 맡은 분야에서 실력을 쌓으며 기반을 다지다가 어느 때가 되면 한 목소리로 주류 사회를 향해 하나님의 뜻을 선포하는 일이 필요하다. 이민 와서 처음에는 각자 살기가 바쁘다가 세월이 지나면서 안정된 사람들이 생겨나게 된다. 그리고 2세들이 자리를 잡고 지도력을 발휘하게 된다. 이 2세들이 연합하여 큰 소리로 한 목소리를 낼 때, 여리고 성은 무너지고 주류 사회 진출의 관문이 열리게 된다.

그러나 2세들마저도 각자의 생존 전략과 살아남는 것만 생각한다면, 우리들의 미래는 참담한 것이 될 것이다. 우리가 2세들을 교육시켜서 좋은 대학을 진학시키고 좋은 직장을 얻게 할 때에 자기 혼자 잘 먹고 잘 사는 사람이 되라고 뒷바라지를 해왔다면 우리들은 미래가 없는 민족이다. 항상 그 자녀들의 성공과 지위가 민족과 동포 사회를 위해 중요한 역할을 감당하라는 하나님의 부르심이라는 것을 가르쳐야 한다. 그리고 나아가 그러한 성공은 하나님이 주신 축복이며, 하나님을 믿는 신앙 공동체를 위해서 일하고 봉사할 수 있는 기회라는 것도 가르쳐야 한다. 우리 자녀들이 아간처럼 자기의 전리품만 관심가지고 챙기다가 민족의 돌팔매를 맞고 돌무덤을 만들어 아골 골짜기로 기억되는 일은 부모와 자녀, 그리고 모든 민족의 불행이다. 우리 2세들의 성공이 하나님의 영광과 동포 사회의 행복과 민족의 번영으로 직결되기를 기도한다.

3. 묵상을 위한 질문

(1) 우리가 무너뜨려야 할 주류 사회의 벽은 어떤 것들이 있는가?

(2) 내가 지금 차지하고 있는 자리에서 신앙 공동체나 민족 공동체를 위해 공헌할 수 있는 일들은 무엇인가?

4. 결단에의 초청

이제는 우리 이민교회가 하나가 되어야 합니다. 한인사회도 하나가 되어야 할 때입니다. 각자 의견과 배경이 다른 것은 하나님의 축복입니다. 그러나 구심점이 없고 지도자가 없다는 것은 우리가 극복해야 할 과제입니다. 무너뜨릴 성을 규정하고 구심점을 찾는 일에 헌신하여 하나님 나라를 세우는 일에 공헌할 수 있기를 기도합니다.

제6과
교만은 패망의 선봉
여호수아 8장

1. 성경 이해

 여호수아 7장에서 우리는 이스라엘 백성들이 아이 성을 공략하다가 크게 패하였고, 그 패한 원인이 아간의 욕심 때문인 것을 공부했다. 이스라엘 백성들은 아간의 죄를 적발하고, 그를 처형하고, 하나님 앞에서 회개하였다. 그러면 이제 원인이 되었던 아간을 처형하였으니 승리가 저절로 보장되는 것일까?
 여호수아 8장은 그렇지 않다고 말하고 있다. 죄를 회개하였어도 승리를 얻기 위해서는 역시 철저한 준비와 과감한 실천이 있어야 한다. 여호수아 7장에서는 아이 성을 얕잡아 보고 약 3천 명이 아이 성 공격에 동원되었다. 그러나 이제 두 번째 공격에서는 3만 명의 군대가 동원되었다. 10배의 인원이 더 동원된 셈이다. 처음부터 3만 명으로 공격했다면 결과가 달라지지 않았을까 하고 의문을 갖는 분도 계실 것이다. 그러나 성경은 분명히 말한다. 비록 처음부터 3만 명이 공격에 가담하였어도 아간처럼 하나님 앞에서 범죄하고 민족의 대업 앞에서 개인의 욕심을 채우는 일이 있으면 승리는 할 수 없다. 그러나 반면에 하나님 앞에서 회개하고 사심을 버렸다고 해도 다시 3천 명으로 공격해서는 승리할 수 없다는 것도 분명하다. 그러므로 하나님 앞에서의 성결과 철저한 준비, 이 두 가지 요소는 승리를 위해 꼭 필요하다.

여호수아는 3만 군사를 동원했을 뿐만 아니라 매복 작전을 수립했다. 아이 성의 사람들이 한 번의 승리로 자만하고 있을 때 거짓으로 패하고 도망하는 척하다가 매복한 군사들이 성으로 쳐들어가서 뒤에서 성을 점령해 버린다고 하는 작전이다. 이 작전의 성공 여부는 오직 아이 성 사람들이 자만하느냐 그렇지 않느냐에 달려 있다. 그런데 성경을 보면 이 작전은 아주 보기 좋게 성공하였다. 이번에는 아이 성 사람들이 크게 패하고 성을 빼앗겼다.

성경에서 교만한 마음은 넘어짐의 앞잡이요 거만은 패망의 선봉이라고 했다. 그 이유는 하나님은 교만한 사람과는 함께 하지 않으시기 때문이다. 항상 자신이 부족하다고 생각하고 열심히 준비하고 노력하는 사람은 실력이 좋은 것을 믿고 준비하지 않는 사람보다 좋은 결과를 얻을 수 있다.

그렇게 성공을 이룬 후에 여호수아와 이스라엘 백성들은 하나님 앞에 단을 쌓고 예배를 드렸다. 비록 자신들이 최선의 준비와 공격을 하였지만 하나님의 도우심이라고 고백하고 하나님께 영광을 돌리는 것이다. 계속적인 성공을 하기 위해서 꼭 필요한 마음이다. 한 번의 성공으로 자만하고 교만하여 다음에 대강 대강 준비하는 것이 아이 성이 망한 이유다. 하나님 앞에서 모든 영광을 돌리고, 새로 시작하는 자세로 매번 새롭게 준비하고 애를 쓸 때, 하나님이 계속적인 힘을 공급해 주시는 것이다.

2. 생활 속의 이야기

대학교에 다닐 때 모든 사람이 인정하는 수재가 있었다. 서울 법대 수석 입학에 수석 졸업, 그리고 대학 4학년 때 사법시험 합격의 경력을 가진 학생이었다. 그런데 정작 본인은 자신이 수재가 아니라고 생각한다. 그리고 자신이 다른 사람보다 머리가 좋지 않기 때문에 노력으로 보완해야 한다고 생각하고 열심히 공부를 한 결과 좋은 성적을 거두었다.

이민사회에서의 성공도 바로 이러한 마음가짐에 달렸다. 먼저 한국에서 무엇을 했고, 무슨 배경이 있다는 것을 잊어야 한다. 옛날에 한국에서 자기보다 공부를 못했던 사람, 자기보다 못살았던 사람, 자기보다 배경이 좋지 않았던 사람이라고 얕잡아 보고 무시하면 큰 코 다친다. 한국에서 무슨 학교 나오고, 과거에 누구와 친하고, 집안 누가 무슨 직책에 있고 하는 자랑만 하고 있다가는 실패하기 쉽다. 그것을 다 잊어버리고 새롭게 시작해야 한다. 미국의 사회와 문화를 배우고, 미국 사람들의 취향에 맞는 사업 감각을 키우고, 직장 문화를 배우고, 한국적인 특색을 가미해서 창조적으로 개발해 나가는 사람만이 성공할 수 있다. 최선의 준비를 하고, 남들이 전혀 생각하지 못했던 곳에 매복하고, 결정적인 순간에 전력투구해서 공격해 들어가는 삶의 자세를 가질 때 성공할 수 있다.

또한 일단 성공하였다고 해도 자만하면 끝이다. 성공한 것도 하나님의 은혜라고 고백하고, 계속 노력해야 한다. 이민사회의 성공도 신앙생활의 성공도 다 이러한 자세에 달려 있다.

3. 묵상을 위한 질문

(1) 자만하다가 실패한 경험 중에 현재의 성공에 도움이 된 교훈들은 무엇이 있는가?

(2) 하나님이 함께 하셔서 이민 와서 성공한 일들 가운데 남에게도 추천할 수 있는 일들은 무엇이 있는가?

4. 결단에의 초청

하나님은 우리들이 실패 속에 주저앉아 있기를 원하지 않으십니다. 실패를 극복하고 털고 일어나기를 원하십니다. 지금 바로 하나님 앞에 나의 잘못이나 약점이 있다면, 회개하고, 거기서 배울 수 있는 교훈을 찾아봅시다. 하나님께서는 새로운 시작, 성공을 위한 도약을 허락하실 것입니다. 늘 기도하는 가운데 새롭게 도전합시다. 하나님이 함께 하십니다.

제7과
영적 분별력
여호수아 9-11장

1. 성경 이해

이스라엘 백성들이 여리고 성과 아이 성을 함락했을 때, 두 가지 다른 반응이 일어난다. 첫째 반응은 여러 왕들이 모여서 힘을 합하여 여호수아와 싸우자고 결의한 것이다 (9:1-2). 둘째 반응은 여호수아 기브온 사람들이 싸우기 보다는 평화조약을 체결해서 살아남기를 원하는 모습이다 (9:3-21).

먼저 기브온 사람들은 자신들이 먼 지방에서 온 것처럼 위장한다. 주변의 모든 민족들이 이스라엘을 치고 공격하려는 것을 알고 있었기에 자기들도 의심을 받아 평화조약의 체결이 어렵다고 판단했기 때문이다. 그리고 하나님께서 애굽에서 행하신 일들과, 아모리 사람의 두 왕 곧 헤스본 왕 시혼과 바산 왕 옥에게 행한 모든 일을 들었다고 고백한다. 이것은 하나님의 권능을 인정하는 것으로 이스라엘 사람들의 마음을 열기에 적합한 이유였다. 마지막으로 자신들이 가지고 온 양식을 내놓고 스스로 종이 되겠다고 자원하여 이스라엘 사람들에게 실질적인 도움이 될 것을 제안하였다. 평화조약은 체결되었고, 기브온 사람들은 성전에서 나무 패는 자와 물 긷는 자로 살게 되었다.

기브온 사람들은 평생을 노예로 살았을까? 그렇지는 않은 것 같다. 사무엘하 21장에 보면, 다윗이 기브온 사람들과 대화하는 장면이 나온다. 그 내용은 사울 왕이 기브온 사람들과 맺은 평화조약을 무시하고 기브온 사람들을 죽였는데, 어떻게 하여야 그 원한이 풀리겠느냐는 물음에 사울의 자손 일곱을 죽일 수 있게 해달라는 부탁을 한다. 다윗은 그 부탁을 들어주어 사울 자손 일곱을 기브온 사람들에게 내어주고, 그들의 죽음으로 원한을 갚도록 허락한다. 이것을 보면 다윗 시대에까지 기브온과의 평화조약이 살아 있었고, 기브온 사람들은 다윗의 궁정에서 영향력을 행사했던 것을 알 수 있다. 그리고 기브온에 큰 산당이 있었는데 솔로몬은 그 산당에서 일천 번제를 드렸다고 기록되어 있다. 즉, 기브온은 예루살렘 성전이 완성되기 전에 임금이 제사를 지내는 산당이 있던 곳이었다 (열왕기상 3:3-4).

여호수아 10장에는 예루살렘 왕 아도니세덱과 헤브론 왕 호함과 야르뭇 왕 비람과 라기스 왕 야비아와 에글론 왕 드빌은 연합하여 이스라엘과 전면전을 일으켰으나 전멸 당한 내용이 기록되어 있다.

여호수아 11장에는 북부 가나안 왕들이 이스라엘 백성들과 싸우기로 결의하는 내용이 기록되어 있다. 북부 가나안 동맹군들은 하솔 왕 야빈을 대장으로 하여 여러 왕이 합류하였다. 이들의 숫자가 얼마나 많은지 성경에서는 해변의 수다한 모래와 같았다고 표현하고 있다. 이것은 북부 가나안 왕들이 군사력과 말과 병거를 의지하고 이스라엘을 대적한 것을 알 수 있다.

여기에 대항하여 싸우는 이스라엘은 군사력과 군인 숫

자에 있어서는 열세이었지만 하나님이 함께 하셨다. 그 결과 여호수아가 이끄는 이스라엘 군대는 북부 가나안 연합군을 대파하였다.

그리고 마지막 전쟁은 아낙 자손들과의 전쟁이었다. 아낙 자손은 모세가 처음에 12명의 정탐꾼을 보내어 가나안 땅을 정탐할 때 이스라엘의 정탐꾼들의 가슴을 서늘하게 하였던 사람들이었다. 여호수아와 갈렙을 제외한 10명의 정탐꾼들은 아낙 자손을 보고는 마음이 녹아서 자신들은 절대로 가나안 땅에 들어갈 수 없을 것이라고 보고하고 그 결과 온 이스라엘 회중이 모세를 원망하며 통곡하였던 것이다. 그때 갈렙이 일어나서 백성들을 진정시키고 하나님이 함께 하시면 이스라엘이 능히 가나안을 정복할 수 있다고 위로하였다. 이제 갈렙이 이야기했던 대로 이스라엘은 하나님이 함께 하셔서 가나안 정복을 마쳤다. 그리고 그 최후의 정복 대상이 아낙 자손이 된 것이다. 여호수아 11:22는 이스라엘 자손의 땅 안에는 아낙 사람이 하나도 남음이 없고 가사와 가드와 아스돗에만 약간 남았었더라 하고 기록하고 있다. 이렇게 가나안 온 땅은 정복되었고, 이스라엘 지파들은 그 땅을 기업으로 나누어 가졌다.

이처럼 두 공동체의 운명이 달라지게 된 것은 하나님의 역사가 어디에 있는가를 분별한 사람과 그렇지 못한 사람의 운명이 다른 것을 보여준다. 기브온은 비록 자신들이 큰 성읍이고 강한 군사를 가지고 있었지만 여호수아의 군대가 하나님과 함께 하는 것을 간파하였다. 그러나 다른 왕들은 하나님이 함께 하시는 것을 무시하고, 자신들의 군대와 여호수아의 군대의 싸움으로만 이것을 보았기 때문에 전멸을 당한 것이다.

2. 생활 속의 이야기

우리가 이민 와서 이 미국 땅에서 살 때에도 마찬가지의 과정을 겪게 된다. 때로는 우리가 권리를 찾기 위해 싸워야 하고, 때로는 타협해야 한다. 그러나 싸우느냐 타협하느냐 하는 방식보다 더 중요하고 근본적인 물음은 우리가 하나님이 원하시는 자리에 있는가 아닌가 하는 것이다. 하나님의 편에서 받아들일 것은 받아들이고, 내줄 것은 내주면서 하나님의 백성으로 살아가는 것이 미국에서 삶을 정복하는 길이다.

많은 사람들이 미국에서 성공한다는 것이 마치 대통령을 내고, 국회의원을 내고, 명문 대학의 교수들을 배출하고, 미국 땅에 영향력이 있는 자리에 많은 한인 동포를 진출하는 것으로 오해하고 있다. 그렇지 않으면 미국의 거대 기업들을 사들이고, 좋은 땅과 건물을 매입하는 것으로 오해하고 있다. 그러나 진실로 미국에서 성공하는 길은 하나님을 믿는 신앙을 확립하는 것이다. 우리가 하나님을 믿는 백성이 되어서 무슨 직종을 가지고 어떤 자리에서 살아가든지 영향력을 행사할 수 있다. 그리고 우리가 행사하는 영향력은 하나님이 친히 사용하시는 능력이다. 그것은 세상에 이름나는 유명한 사람이 되거나 많은 것을 소유하는 결과와 꼭 일치하지 않을 수도 있다. 그러나 아낙 자손처럼 크다고 전쟁에서 꼭 이기는 것도 아니고, 모래알처럼 많은 병사들이 승리를 담보하는 것도 아니다. 하나님과 함께 하는 삶이 승리를 담보하는 것이다. 우리 동포들이 하나님과 동행하는 삶의 방식을 통해서 미국에서 성공하는 여호수아의 군대가 되기를 기도한다.

3. 묵상을 위한 질문

 (1) 한인 이민자들이 성공하기 어려운 영역에서 자리를 잡은 사람들 중에 신앙의 모델로는 누가 있을까?

 (2) 처음 이민 올 때는 까마득해 보였지만 이제는 어느 정도 자신 있게 된 과정에서 하나님의 개입을 느낀 때는 언제였는가?

4. 결단에의 초청

 하나님이 함께 하시면 아낙 자손도 우리들이 정복할 수 있습니다. 안전해 보이는 것만 시도할 것이 아니라 모험도 필요합니다. 하나님을 믿고 도전해서 정복합시다. 우리 하나님은 우리들과 함께 하실 것입니다. 도전하시는 성도님에게 귀한 간증 거리가 남을 것을 기도합니다.

제8과
왕들의 명단
여호수아 12-13장

1. 성경 이해

여호수아 12장에는 여호수아와 이스라엘 백성들이 정복한 왕들의 명단이 나온다. 맨 처음에 헤스본에 거하던 아모리 왕 시혼과 바산 왕 옥이 나온다. 이 왕들이 다스리던 영토가 얼마나 넓었던지 여호수아서 12장 2-5절까지 그 경계를 묘사하고 있다. 2절은 아르논에서 얍복 강까지 남에서 북으로 올라가면서 요단 동쪽 산지를 묘사하는 반면, 3절은 게네사렛 바다에서 사해까지 북에서 남으로 내려오면서 동부 요단 계곡을 묘사하고 있다. 결과적으로 31명의 왕들이 여호수아에게 굴복함으로써 그들의 도시가 다 여호수아의 수하에 들어가게 되었다.

우리가 여기서 주목할 사실은 이 명단이 왕들의 명단이라고 하는 점이다. 즉, 이스라엘 백성들은 왕을 물리친 것이지 가나안의 백성들을 죽이고 없애는 것이 목적이 아니었다는 점이다. 이스라엘 백성들이 애굽을 빠져 나올 때도 대상은 애굽 왕 바로와 그 바로가 의지하는 관료조직, 군대, 그리고 마법사들이었지, 일반 백성들은 오히려 이스라엘 백성들이 출애굽할 때 그들에게 여러 가지 물자를 주어 보냈던 것이다.

이것은 이스라엘이 하나님을 왕으로 섬기는 민족이라는 것을 밝히는 것이다. 그리고 가나안에서의 싸움은 하나님 이외에 스스로를 왕이라고 자처하는 모든 세력과의 싸움이었다는 것을 보여주고 있다. 즉, 이스라엘 백성들로 하여금 하나님을 믿는 신앙에서 멀어지게 만드는 모든 세력이 왕이라는 명칭으로 집약되어 있는 것이다.

이런 의미에서 여호수아 12장에 나오는 왕들의 명단은 역사적인 중요성보다도 신앙적인 중요성이 더 크다. 이 명단은 하나님 이외에 다른 왕은 없다는 선언이다.

반면에 여호수아 13장은 아직도 정복하지 못하고 남은 땅이 많다는 서술로 시작한다. 즉, 왕들이 다스리는 도시나 지역은 정복하였지만 그 이외의 지역 가운데는 아직도 정복하지 못한 땅이 많다는 것이다. 이것은 하나님의 약속은 이미 이루어지기 시작하였지만 아직도 이루어질 영역이 많다는 것을 보여준다.

하나님께서는 여호수아에게 이처럼 아직 정복하지 못하고 남은 많은 땅을 이스라엘에게 분배하여 기업이 되게 하라고 명령하신다. 사실 이 지역은 다윗 왕 때에 가서 이스라엘이 정복을 완료하게 된다. 그런데 미리 아홉 지파에게 나누어주라는 것이다. 그리고 7절부터 13장 마지막 절까지는 요단 동편의 땅을 르우벤 지파와 갓 지파와 므낫세 반 지파에게 나누어 주기 위한 자세한 설명이 기록되어 있다. 물론 요단 동편의 땅은 이미 정복이 완료된 땅이므로 분배받은 지파들이 나누어서 살기만 하면 된다.

이것을 보면 하나님께서 우리들에게 주신 약속은 현재 부분적으로 이루어진 것도 있고, 아직 이루어 가야 할 것도 있음을 알 수 있다.

2. 생활 속의 이야기

우리 삶을 다스리는 왕은 하나님 한 분뿐이어야 한다. 예수님도 광야에서 마귀에게 시험을 받으실 때, 이와 똑같은 시험을 통과하셨다. 마귀는 자기에게 절하면 모든 세상의 권세를 주겠다고 유혹하였다. 그러나 예수님은 하나님 한 분 외에는 경배를 받으실 분이 없다는 것을 분명히 하셨다. 이것을 분명하게 밝히신 후에야 예수님은 공생애를 시작하셨다. 그러므로 공적인 봉사를 하기를 원하는 사람들, 지도자가 되기를 원하는 사람들이 꼭 알아두어야 할 사실은 하나님 한 분 외에는 우리의 경배를 받을 분이 없다는 점이다.

우리가 미국에서 성공적으로 살 때에도 똑같은 내용을 적용할 수 있다. 미국에서 손쉽게 우리들에게 성공과 출세와 행복과 평안을 보장하는 것들이 있다. 사람들은 이런 것들에 많은 유혹을 받고 있다. 우리들은 이러한 왕들을 정복하고 하나님만을 왕으로 선언할 때 비로소 미국에서 성공적으로 살고 있다고 할 수 있을 것이다.

우리를 지배하고자 하는 왕들은 우리의 욕망과, 나쁜 버릇과, 손쉽게 얻는 재물과, 시기와 질투와 같은 성품들이 될 수 있다. 그런가 하면 인종차별과 편견과 영어라고 하는 사회적인 어려움을 무기로 삼는 왕들도 있다. 또한 물질 만능주의와 쾌락주의 왕들도 있다. 이런 왕들을 다 정복하여 개인적으로는 존경받을만한 인품을 갖추고, 사회적으로는 모범이 되는 지도자로서의 성공을 이루고, 사상적으로는 하나님을 왕으로 섬기는 확고한 신앙적인 사상을 발전시켜 나가야 할 것이다.

3. 묵상을 위한 질문

(1) 현재 우리들이 겪고 있는 진통을 통해서 알 수 있는 우리가 아직 정복하지 못한 영역은 무엇인가?

(2) 아직 정복되지 않은 영역을 정복하기 위해서 내가 현재 할 수 있는 일들은 어떤 것들이 있는가?

4. 결단에의 초청

아직 정복되지 않은 영역 때문에 절망할 필요는 없습니다. 그런 영역은 우리들을 훈련하고 우리들에게 방향을 제시하는 부분이기 때문입니다. 믿음 안에서 그런 부분들이 우리의 영역이라고 선포하고 힘을 내야 할 것입니다. 부족한 부분들과 갈등 영역은 우리들을 좌절하게 만드는 것이 아니라 우리가 무엇을 해야 할지를 보여줍니다. 주님의 뜻 안에서 그 부분들을 정복하고 주님께 돌려드릴 수 있기를 기도합시다.

제9과
믿음의 보상
여호수아 14-15장

1. 성경 이해

여호수아 14장은 땅 분배에 관한 원칙을 기록하고 있다. 그것은 제비를 뽑아 분배한다는 원칙이다. 이스라엘의 땅은 하나님께 속한 것이기 때문에, 하나님만 그 땅을 나누어주실 수 있다. 그 땅은 싸움을 해서 강한 지파가 많이 차지하는 것이 아니다. 제비를 뽑아서 하나님이 정해주신 땅에서 살게 되어 있다.

그런데 여기에 예외가 하나 있다. 그것이 바로 14:6 이후에 나오는 갈렙이 차지한 헤브론을 분배한 경우이다. 헤브론은 제비를 뽑지 않고 그냥 갈렙에게 주었다. 이것은 아주 불공평한 것처럼 보일 것이다. 그러나 아무도 불평하지 않았다. 누가 보아도 갈렙이 헤브론을 차지할 만한 이유가 있기 때문이다. 갈렙은 처음에 가나안 땅을 정탐하러 갔을 때 여호수아와 더불어 믿음을 가지고 가나안 정복을 주장했던 두 사람 중의 하나이다. 다른 10명의 정탐꾼들은 덩치가 큰 아낙 자손을 보고 겁에 질려서 자신들이 정복할 수 없다고 보고했다. 그러나 갈렙은 하나님이 함께 하시면 가나안 정복도 불가능한 것은 아니라고 하면서 백성들을 독려했다. 하나님께서는 열 명의 겁 많은 정탐꾼들과 그들의 말을 듣고 하나님께 불평한 백성들을 가나안에 들어가지 못하게 하셨다. 오직, 그 후손들과 출애굽 세대에서는 여호수아와 갈렙만 가나안에 들어가도록 하신 것이다.

이러한 갈렙의 믿음을 보고 모세는 갈렙이 원하는 지역을 분배하겠다고 약속한 바 있다. 갈렙은 여호수아에게 이 약속을 상기시킨 것이다. 그러나 그것도 여호수아가 정복해 놓은 땅 가운데 한 부분을 달라고 하는 것이 아니다. 헤브론을 지정해 주기만 하면, 자기가 직접 가서 싸워서 정복하겠다는 것이다. 그 말을 듣고 여호수아는 갈렙에게 헤브론을 기업으로 주었다. 갈렙은 헤브론을 차지하고 아낙 사람들을 점령하고 그 땅에 전쟁이 그쳤다.

여호수아 15장은 유다 자손이 분배받은 땅의 경계에 관한 기록이다. 첫째 부분인 1-19절까지는 지역적인 설명과 옷니엘이 드빌을 쳐서 얻고 아내인 악사가 샘물을 얻은 이야기가 들어 있다.

이렇게 첫 부분에서 유다 지파의 경계를 동서남북의 경계선으로 설명한 이유는 유다 지파가 분배받은 전체 지역을 말하려는 의도 때문이다. 유다 지파의 경계는 지역적으로 남쪽으로는 아라바 지역에 있는 에돔과 경계를 이루고 있고, 동쪽으로는 사해를 경계로 하고 있고, 북쪽으로는 사해의 북쪽 끝 요단 강 입구에서 지중해 연안의 야브넬을 한계로 하고 있다. 물론 서쪽은 지중해가 경계를 이루고 있다.

유다 지파의 경계에 대한 설명이 있은 후에, 사람들이 그냥 지나치기 쉬운 한 대목이 나온다. 그것은 악사라는 한 여인이 자기의 권리를 주장하여 얻은 대목이다. 악사는 드빌을 정복한 옷니엘 장군에게 전리품으로 넘겨지는 것을 거부하고 스스로 복 받은 사람이 되기를 주장하였다. 이것은 개척 정신과 믿음이 결합된 행동이다. 이 행동으로 남자들의 활동 무대로 여겨진 정복 전쟁의 한가운데서 악사는 자신의 영역을 확보한 것이다.

이처럼 유다 지파는 동서남북의 광대한 지역을 배당 받았지만, 자세히 들여다보면, 각각의 노력과 전투 성과에 따라 차지한 성읍들이 달랐다.

15장 둘째 부분인 20-63절은 유다 지파 전체를 열두 구역으로 나누어 정복한 성읍과 촌락의 목록이 나오고, 그 후에 예루살렘 거민 여부스 사람을 유다 자손이 쫓아내지 못하였으므로 여부스 사람이 유다 자손과 함께 예루살렘에 거하였다는 설명이 나온다.

먼저 에돔 경계에 있는 29개의 성읍과 촌락의 이름이 기록되어 있다. 그 다음에 평지에 있는 다섯 구역의 성읍과 촌락이 나온다. 산지의 다섯 구역의 성읍과 촌락의 이름이 나오고, 마지막으로 광야의 한 구역에 있는 여섯 성읍과 촌락의 이름이 나온다. 즉, 에돔 경계에 한 구역, 광야에 한 구역, 그리고 산지와 평지에 각각 다섯 구역씩 열두 구역으로 나누어져 있다.

이처럼 열두 구역의 정복된 성읍들과 촌락들이 있지만 여부스 족속이 사는 예루살렘 성읍처럼 큰 성읍은 아직 정복하지 못하였다. 이 예루살렘 성읍은 나중에 다윗이 정복하여 자신의 사유지로 삼을 때까지는 여부스 사람들의 소유로 남아 있었다. 모든 땅은 믿음으로 정복한 사람들의 피와 땀을 흘린 결과로 얻어진 것이다.

2. 생활 속의 이야기

오늘 이민 동포 사회에도 한인들이 미국 주류 사회에 공헌할 수 있는 것에 대하여 많은 의견들을 가지고 있다. 대부분의 사람들은 공항에 마중 나온 사람의 직업이 무엇인가에 따라 운명이 결정되는 사람들이 있다. 그야말로 제비뽑아서 주어진 땅에 사는 셈이다. 그러나 어떤 사람들은 하나님이 함께 하시면 한 번 헤브론을 정복해 보고 싶어 한다. 가장 덩치 큰 아낙 자손의 땅에 도전해 보고 싶어한다. 그리고 할 수 있다고 믿는다. 이런 분들은 이민생활의 공식처럼 되어 있는 관행들을 극복하고 새로운 역사를 만들어가는 분들이다.

오늘도 하나님의 도우심과 동행하심을 믿고 미국 사람들의 아성이라고 생각되는 사업 분야에 용감하게 진출하는 분들이 많이 있다. 이 분들은 제비뽑아 주어진 땅에 안주하는 분들이 아니다. 모든 악조건에도 불구하고 하나님이 함께 하심으로 할 수 있다는 생각으로 열심히 뛰는 사람들이다. 그리고 그 분들은 반드시 원하는 목적을 달성하고 하나님께 영광 돌리는 삶을 살게 될 것이다. 그런 분들을 위해 갈렙의 말을 다시 읽어보자. "그 곳에는 아낙 사람이 있고 그 성읍들은 크고 견고할지라도 여호와께서 나와 함께 하시면 내가 여호와께서 말씀하신 대로 그들을 쫓아내리이다" (14:12). 이 믿음이 우리들의 믿음이 되기를 기도한다.

3. 묵상을 위한 질문

(1) 미국 땅에서 한 번 도전해 보고 싶은 영역은 무엇인가?

(2) 지금까지 도전을 망설인 이유는 무엇이고, 신앙은 그것을 극복하는 데 얼마나 도움이 되고 있는가?

(3) 젊은 시절부터 지금까지 꼭 도전해 보고 싶었던 꿈은 무엇인가? 왜 꿈이 이루어지지 않았다고 생각하는가?

4. 결단에의 초청

하나님은 우리에게 새로운 시야를 열어 주십니다. 현실의 어려움만 보지 말고 하나님이 함께 하실 때 얻을 수 있는 가능성을 보라고 하십니다. 그런 믿음을 가지고 한 번 도전해 봅시다. 한 번뿐인 일생인데 하나님이 우리에게 꿈을 주신 대로 도전하는 가운데 많은 것을 이루시는 주의 종들 되시기를 기도합니다.

제10과
좁으면 개척하라
여호수아 16-17장

1. 성경 이해

여호수아 16장은 요셉 자손 므낫세와 에브라임이 배당받은 땅의 경계를 기록하고 있다.

사실 므낫세와 에브라임은 요셉의 자손들이므로 다른 야곱의 자손들과 함께 땅을 받을 수 있는 항렬에 있지 않다. 그런데 창세기 48장에 야곱이 요셉의 두 아들을 자기의 아들로 삼겠다고 선언한 것에 근거해서 요셉의 두 아들이 삼촌들과 함께 땅을 분배받은 것이다. 그뿐 아니라 장자인 므낫세가 먼저 땅을 분배받는 것이 아니라 차자인 에브라임이 땅을 먼저 분배받는다. 이것도 창세기 48장에서 야곱이 차자인 에브라임이 장자인 므낫세보다 더 큰 자가 되리라고 축복한 것에서 비롯된 것이다.

성경에서는 16장처럼 서열을 파괴하고 하나님의 축복이 임하는 것을 많이 볼 수 있다. 가인과 아벨의 경우가 그러했고, 이스마엘과 이삭의 경우가 그러했고, 야곱의 열두 아들 가운데는 넷째인 유다와 열한째인 요셉의 경우가 그러했다. 이러한 서열의 변경은 신앙적인 이유 때문이다. 가인과 아벨의 경우, 아벨은 믿음으로 더 나은 제사를 드렸다. 이스마엘과 이삭의 경우, 이스마엘은 인간적인 수단으로 낳은 아브라함의 아들이라면 이삭은 약속의 자녀였다. 에서와 야곱의 경우, 에서는 자기의 기술만 믿고 헷 족속의 딸들 가운데서 부인들을 얻었고, 야곱은 신앙의 혈통 가운데서 아내를 얻기 위해 외삼촌 라반의 집으로 갔다. 야곱의 열두 아들 가운데도 첫 아들 르우벤은 아버지의 첩과 동침하여 도덕적으로 장자의 자격을 잃었고, 둘째와 셋째인 시므온과 레위는 잔인한 성격으로 인하여 형제들 가운데 지도력을 상실했다. 넷째가 오히려 포용력과 희생정신을 통해 장자의 역할을 감당하였고, 요셉은 신앙으로 어려움을 극복하고 형제들을 포용하고 용서함으로써 형제들 가운데 지도자가 된 것이다.

여호수아 17장은 므낫세 지파의 땅 분배에 대해 기록하고 있다. 므낫세 지파의 땅은 여섯 아들의 후손들에게 분배되었는데, 그 중에서 특이한 것은 슬로브핫은 아들이 없이 딸만 다섯이었는데 그들에게도 땅이 분배되었다는 사실이다. 슬로브핫의 딸들은 모세에게 청하여 자기 아버지의 이름을 이어갈 수 있도록 상속권을 요청하였고 그것이 허락된 바 있는데 (민수기 27:1-11), 여호수아서의 요청은 바로 민수기에 따른 것이다.

사실 신명기 25:5-10에 따르면, 형제가 아들이 없이 죽은 경우에는 다른 형제가 그 부인에게 들어가 임신을 시켜 그가 아들을 낳으면 그 아들이 죽은 형제의 대를 잇게 되어 있다. 다시 말해서 슬로브핫이 아들이 없다고 하더라도 슬로브핫의 형제가 그 부인에게 들어가 아들을 낳아 대를 이어줄 수도 있었을 것이다. 그러므로 슬로브핫과 같은 경우에 딸들에게 상속권을 인정하였다는 것은 아주 혁명적이라고 할 수 있다. 이처럼 여자에게 상속권을 인정한 것은 각 지파에게 배분된 땅을 그 지파에게 그대로 존속시키고자 하는 의도에서 나온 것이다.

이처럼 땅은 제한되어 있는데 아들이 없는 경우에는 딸에게라도 상속을 하면서 후손의 숫자는 줄어들지 않았기 때문에 자연히 땅이 모자라게 되었다. 이런 경우 불만을 터트리면서 딸들에게 상속을 하여 아들들에게 돌아갈 영토가 줄어드니 딸들에게 상속하지 말자고 하는 말도 나올 수 있다. 그러나 여호수아 17:15에 보면, "에브라임 산지가 네게 너무 좁을진대 브리스 족속과 르바임 족속의 땅 삼림에 올라가서 스스로 개척하라"고 여호수아는 명한다. 요셉 자손들은 그 산지는 넉넉지도 못하고 산지에 거하는 사람들이 철 병거가 있어서 어렵다고 핑계를 댄다. 그러나 여호수아는 "비록 삼림이라도 네가 개척하라 그 끝까지 네 것이 되리라 가나안 사람이 비록 철 병거를 가졌고 강할지라도 네가 능히 그를 쫓아내리라"고 말한다.

사실 땅이 모자랐던 것은 딸들에게 상속하였기 때문만은 아니었다. 큰 성읍들의 가나안 백성들을 다 쫓아내지 못한 것에 더 큰 이유가 있었다. 여호수아 17:12-13에 보면 "가나안 족속이 결심하고 그 땅에 거주하였더니 이스라엘 자손이 강성한 후에야 가나안 족속에게 노역을 시켰고 다 쫓아내지 아니하였더라"고 되어 있다. 다시 말해서, 가나안 백성들이 악착같이 지키고 있던 큰 성읍들을 제외한 주변 지역만을 점령하였고, 산지는 불편하여 개척하지 않았기 때문에 땅이 모자랐던 것이다. 이런 때 여호수아는 아직 큰 성읍을 정복할 정도로 이스라엘 백성들이 강력하지 못하다면 삼림이라도 개척하여 지경을 넓히라는 것이다.

2. 생활 속의 이야기

주류 사회에는 수많은 사업들이 있는데, 한인들은 대부분 영어가 모자라고 문화가 달라서 거기에 뛰어들지 못하고 있다. 그리고 사업이 잘되는 업종은 또한 백인들이 결심하고 붙잡고 놓아주지 않는다. 그러다 보니 한인들이 하는 업종에 제한이 있어서 서로 간에 제살 깎아먹기 경쟁을 하게 된다.

그러나 성경은 우리에게 남들이 힘들다고 포기한 업종인 "삼림을 개척하라"고 한다. 어려워 보여도 능히 개척하여 점차 지경을 넓혀나가다 보면 나중에 큰 성읍의 가나안 백성들도 굴복시켜 일꾼으로 부릴 수 있게 될 것이다. 우리끼리 불평하며, 누구의 권리와 사업을 제한할까 하는 생각을 하기보다는 다른 사람이 망설이고 꺼리는 사업이나 일에 과감히 뛰어들어 개척해야 한다. 다른 사람의 가게 앞에 다시 가게를 낸다든지, 남들이 하는 가게의 종업원을 빼온다든지 하는 일은 주님이 기뻐하는 일이 아니다.

남들 때문에 내가 먹을 파이가 줄어들었다고 하는 생각에서 벗어나서, 남들을 위해서나 나를 위해서 새로운 분야를 개척해 보자. 내가 개척한 분야에 다른 수많은 사람들이 먹고 살 수 있게 된다면 얼마나 좋을 것인가?

3. 묵상을 위한 질문

(1) 나보다 나이도 적고, 경력도 적지만, 실력이 출중하다고 생각되어 성장하도록 밀어주어 성공한 경우가 있는가?

(2) 미국 사회에서 한인 동포들에 의해 아직 개척되지 않은 삼림으로 보여지는 분야는 어떤 것들이 있는가?

(3) 내가 누구 때문에 먹고살기 힘들다고 생각되는 대상이 있는가? 그것이 얼마나 사실이라고 생각되는가?

4. 결단에의 초청

개척합시다! 남들이 다 하고 있는 안전한 지역이나 업종만 찾아 갈 것이 아니라, 새로운 분야를 개척하시기 바랍니다. 물론 만만치 않을 것입니다. 그러나 하나님은 무에서 유를 창조하시는 하나님이십니다. 우리의 앞길을 구름기둥과 불기둥으로 인도하시는 하나님이십니다. 남을 탓하고 비좁은 자리에 서로 싸우고 있기보다는 넓게 열린 곳으로 뛰어 들어 가십시다. 하나님이 우리와 함께 하실 것입니다.

제11과
지체하지 말라
여호수아 18장

1. 성경 이해

여호수아 18장에는 온 회중이 실로에 모여서 회막을 세운 이야기가 있다.

사무엘상에 보면, 실로에는 제사장 엘리가 있었고, 언약궤가 블레셋에게 빼앗기기 전까지 모든 종교적인 행사의 중심지였던 것을 알 수 있다. 열왕기상 14장에 보면, 여로보암의 아내가 실로에서 제사장 아히야를 찾았고, 예레미야 40장에 보면, 유다 총독 그다랴가 살해된 후 실로의 사람들이 미스바로 왔다는 기록이 나온다.

이렇게 여호수아 18장에서부터 시작하여 사무엘을 거쳐 예레미야 40장에 이르기까지 실로는 계속 성소로서의 역할을 감당하는데, 오늘 읽은 본문에서 회막을 세웠다는 것이 그 시초가 된다.

여호수아는 실로의 회막에 모여서 아직 땅을 정복하지 못한 나머지 일곱 지파에게 정복사업을 지체하지 말라고 권면한다. 땅을 아직 정복하지 못한 일곱 지파에게 여호수아는 "너희가 너희 조상의 하나님 여호와께서 너희에게 주신 땅을 점령하러 가기를 어느 때까지 지체하겠느냐" (3절) 하면서 아주 강력하게 질책을 한다. 그리고 각 지파에 세 사람씩 선정하여 그 땅을 두루 다니며 아직 남아 있는 땅을 그려 가지고 돌아오도록 한다. 그러면 그것을 놓고 제비를 뽑아 나누어주겠다는 것이다. 대표자들이 땅을 두루 다니며 일곱 부분을 그려오고, 여호수아는 하나님 앞에서 제비를 뽑아 그 땅을 각 지파에게 나누어준다.

베냐민 자손이 제일 먼저 제비를 뽑아 유다 북부, 에브라임 남부의 중간 산지를 차지하게 된다. 물론 제비 뽑아 얻은 땅은 이제 실제로 싸워서 정복하여 차지해야 된다.

2. 생활 속의 이야기

우리 이민 동포 사회에도 우리들이 이미 차지한 업종들이 있다. 우리가 가장 쉽게 할 수 있고 우리 능력에 맞는 것들이다. 그러나 아직 우리들이 손도 대보지 못한 수많은 업종들이 있다. 미국 땅으로 우리를 인도하신 하나님은 그 모든 사업과 지역에서 우리들이 활약하라고 불러 주신 것이다. 이제 한인 이민 100주년을 맞이하였는데 더 이상 진출하지 못할 지역이나 업종이 없다.

시카고에서 한국 분들이 많이 가는 스위디쉬 병원이나 그 근처에 있는 노스팍 대학은 스웨덴 이민자들이 세운 것들이다. 우리 한인이 세운 대학 병원이나 대학도 하나 있을 법한데 아직 하나도 없다. 종교계, 그 중에서도 기독교계는 한인들이 가장 활발하게 진출한 영역인 것 같다. 이제는 모든 분야에서 한인들의 활약이 기대되는 시기가 되었다. 한인들 가운데서 아직 진출하지 못한 분야로 진출할 꿈과 정열을 가지고 성공하기를 간절히 기도한다.

3. 묵상을 위한 질문

(1) 우리 한인들이 진출했으면 좋겠다고 생각되는 분야 중에 아직 진출한 사람들이 없는 분야로는 어떤 분야가 있는가?

(2) 그 분야로 진출하기 위해 필요한 준비로는 어떤 일들이 있어야 하는가?

4. 결단에의 초청

100년이 된 공동체가 아직도 주변에만 머물러 있을 수는 없습니다. 이제는 모든 분야에서 활약을 할 때가 되었습니다. 우리가 그 일을 위해 불림 받은 사람들입니다. 우리 교회들이 앞장서서 하나님의 계획을 선포합시다. 그래서 미국이 가진 많은 자원들이 세계 곳곳에 평화를 이루고 생명을 나누는 일에 쓰일 수 있도록 각 분야를 점령해 갑시다. 지금 성도님이 일하고 있는 그 분야에서 최고가 되시고 점령되지 않은 분야들을 개척해 가십시오. 하나님이 함께 하십니다.

제12과
분배를 마치고
여호수아 19장

1. 성경 이해

여호수아 19장에서는 열두 지파에게 분배한 땅의 분배를 매듭짓는다. 그 동안 땅을 차지한 지파들은 요단 동편에 갓과 르우벤과 므낫세 반 지파, 그리고 남편에 유다 지파, 북편에 에브라임과 므낫세 반 지파, 그리고 유다와 에브라임 사이의 베냐민 지파이다. 오늘 19장에는 나머지 다섯 지파가 땅을 차지하게 된다.

먼저 시므온 지파는 유다 지파의 남쪽 지역 일부를 배당 받는다. 유다 지파가 자기들의 분깃이 너무 많다고 생각하여 나누어 준 것이다. 스불론 자손들은 다볼 산 부근의 북쪽 지역을 차지하였다. 그리고 바로 그 남쪽이 잇사갈 지파가 차지한 땅이다. 이 두 지파는 므낫세 지파의 북쪽, 납달리 지파의 남쪽 중간에 있는 땅을 정복하였다. 별로 크지는 않지만 험한 산악 지역을 개척한 개척 정신이 투철한 지파들이다. 아셀 지파는 지중해로 연결될 수 있는 해변 지역을 배당 받았다. 세계를 향해 뻗어 나갈 수 있는 항구도시들을 그 지경에 포함하고 있다. 납달리 지파는 견고한 성읍들을 포함하고 있다. 그 당시 팔레스타인 지역에서 고고학적인 발굴에 의하면, 오직 몇 성읍만이 견고한 성읍, 즉 성곽으로 둘러싸인 성읍이었고 나머지는 성벽이 없는 개방된 성들이었다. 이것은 쉽게 무너지지 않는 단단한 방어벽이 있는 성읍들을 많이 보유하고 있다는 것이다. 그만큼 정복하기도 쉽지 않았겠지만 일단 정복한 후에는 잘 무너지지도 않는 성읍들이다. 단 지파는 두 곳으로 나뉘어져 있는 것이 특징이다. 한편으로는 유다 지파의 북서쪽, 즉 베냐민 지파의 서쪽에 위치해 있었는데, 나중에 납달리 지파보다도 더 북쪽에 있는 레셈을 쳐서 취하게 되었다. 그렇게 해서 멀리 북쪽에까지 지역을 차지하여 남쪽과 북쪽에 두 군데 영토를 차지한 것이다.

이렇게 각각의 특성과 재능에 맞게, 넓은 지역을 차지한 지파도 있고, 그 그늘 아래서 자리를 잡은 지파도 있다. 험한 지역을 차지한 지파도 있고, 해안 지역을 차지한 지파도 있고, 산악 지역을 차지한 지파도 있다. 이렇게 해서 분배를 마치게 된다.

2. 생활 속의 이야기

우리 이민 동포 사회에는 덕망과 재력을 겸비해서 여기저기에서 많은 사람들에게 도움을 주는 분들이 있다. 예를 들어, 한 분이 사업에 성공해서 호텔을 경영한다든지 공장을 경영하면 거기에 고용되어 수많은 가족들이 먹고 살 수 있게 된다. 이런 분들은 유다 지파와 같이 넉넉한 분들이다.

그런가 하면 아주 힘든 분야에서 나름대로 기반을 구축한 분들이 있다. 미국 군인이 되거나 경찰이 되거나 연방,

주, 혹은 시 정부 공무원들이 되어서 직접 혹은 간접으로 동포 사회를 위해 일하시는 분들과 같은 분들이다.

또한 아셀 지파처럼 우리 이민 동포 사회에서도 전 세계를 향해 무역업을 하거나 전 세계인들을 대상으로 하는 서비스업을 하는 분들과 같은 분들이 있다. 납달리 지파와 같이 탄탄한 실력을 기반으로 명성을 쌓은 변호사나 의사, 교수 등 전문 직종에 있는 분들이 있다. 이민 동포 사회에서 보면, 사업이 확장되어 텍사스와 뉴욕에 동시에 지점을 가지고 있는 분들이 있는데 이 분들은 단 지파와 같다.

3. 묵상을 위한 질문

(1) 우리 교회는 어떤 방식으로 미국 사회에서 영향력을 행사하고 있는가?

(2) 우리 교회가 미국 사회에서 독특하게 할 수 있는 일들이 있다면 어떤 것들이 있을 수 있는가?

4. 결단에의 초청

하나님은 우리 각 사람에게 다른 재능을 주셨습니다. 그리고 다른 지역을 주셨습니다. 우리의 노력에 따라 여러 가지 아름다운 열매들을 맺을 수 있습니다. 지금 처한 장소와 처지에서 자신만이 할 수 있는 귀한 일들을 생각해 보십시오. 분명히 좋은 열매를 맺을 것입니다.

제13과

복수보다 나은 것
여호수아 20장

1. 성경 이해

 여호수아 20장에는 실수로 사람을 죽인 사람들이 도망 갈 수 있는 도피성을 만들라는 규정이 들어 있다. 옛날 이스라엘의 경우에는 사람을 죽인 경우에 실수로 사람을 죽였든지 고의로 죽였든지, 죽은 사람의 친족이 와서 복수하는 것이 허용되어 있었다.
 이런 사정을 생각한다면, 도피성 제도를 허락한 것은 아주 인도주의적인 결론에서이다. 이 도피성 제도는 신명기 19장과 민수기 35장에 나와 있다. 여호수아 20장의 규정에 의하면, 성문에 들어가기 전에 성읍 어귀에서 도피성의 장로들에게 자신의 과실을 고하고 그 장로들이 예비 심사를 하여 받도록 되어 있다. 즉, 본인이 과실이었다고 주장하기만 하면 들어갈 수 있는 것이 아니라 그것이 인정되어야 한다는 것이다. 그런 후에 회중 앞에서 본 심사를 받아야 한다. 그리고 본 심사에서 과실이라는 것이 확실하게 인정되면, 대제사장이 죽기까지 도피성에서 살다가 대제사장이 죽은 후에 고향으로 돌아갈 수 있다.
 그리고 도피성이 제 구실을 하기 위해서는 너무 멀리 있으면 아니 되므로 각 지역마다 하나씩 지정하여 두었다.

납달리 산지, 유다 산지, 에브라임 산지에 하나씩 세 성읍이 요단 서편의 도피성이고, 르우벤, 갓, 므낫세 지파의 각 지역에 하나씩 요단 동편에도 세 성읍을 두었다. 이렇게 해서 개인적인 피의 복수를 막고 지파들 사이의 불필요한 전쟁이나 소란을 막고 함께 평화롭게 살 수 있는 터전을 마련한 것이다.

2. 생활 속의 이야기

우리 이민 동포 사회가 하나가 되기 위해서도 이러한 완충 장치가 필요하다. 요즈음은 인터넷이 발달되고 언론이 발달되어서 무슨 일이 터지면 당사자가 해명할 시간도 없이 전국적으로 소문이 퍼져나간다. 아니 전 세계적으로 소문이 퍼지게 된다. 그렇게 해서 피해를 입은 성도들이 얼마나 많은지 모른다.

사실 형사소송법상의 원칙에 의하면, 어떤 사람이 유죄 판결을 받기 전까지는 무죄로 추정되어 있다 (무죄 추정의 원칙). 그리고 유죄 판결을 받기 위해서는 피의자가 유죄라고 하는 것을 주장하는 사람이 모든 증거를 의심의 여지없이 제공해야 한다 (beyond reasonable doubt). 이렇게 해서 명백하게 밝혀지기 전까지는 다른 사람을 의심하는 것은 잘못이다. 우리 이민자들 모두의 마음속에도 이러한 도피성이 있어야 한다. 즉, 실수로 잘못을 저지른 사람들이 새롭게 출발하는 것을 허용할 수 있는 여유가 우리들 마음속에 있어야 할 것이다.

3. 묵상을 위한 질문

(1) 증거도 없이 사람을 의심했다가 나중에 사실이 아닌 것으로 판명되었던 난처한 경험 중에 가장 기억에 남는 것은 무엇입니까?

(2) 실수로 잘못을 저지른 사람들을 용서하는데 가장 힘들었던 경우는 어떤 경우였습니까?

(3) 오늘날에도 도피성이 있다고 가정한다면, 어떠한 현상들이 일어나리라고 생각하는가?

4. 결단에의 초청

사람은 누구나 잘못을 저지릅니다. 그럴 때 복수보다 좋은 것은 그를 변화시켜 새로운 기회를 주는 것입니다. 우리 하나님은 새로운 기회를 주시는 하나님입니다. 한 번 털고 새롭게 시작하기 위해 다른 사람의 실수를 용서하십시다. 하나님이 갚아 주실 것입니다.

제14과
하나된 민족
여호수아 21-22장

1. 성경 이해

 여호수아 21장에는 레위 자손이 차지한 성읍들의 이름이 나온다. 레위 자손들은 여호수아가 땅을 분배할 때에 제외되었다. 그것은 레위 지파는 하나님이 그 기업이라고 하는 정신 때문이다. 그러나 레위 지파에게도 거처할 성읍은 필요하였다. 그래서 모세는 레위 지파에게 성읍을 줄 것을 명하였고, 이제 레위인들은 제사장 엘르아살과 장군 여호수아 앞에 나와 자신들의 성읍을 요청한다.
 그핫 자손 중 아론 자손은 13성읍을 받고, 나머지 그핫 자손이 10성읍을 받게 되었다. 게르손 자손은 13성읍을 받았는데 그 중에는 잇사갈, 납달리, 아셀 지파에게서 받은 12성읍과 므낫세 반 지파에게서 받은 도피성 하나가 들어가 있다. 므라리 자손들은 원래대로 12성읍을 받았다. 이것은 각 지파가 레위 지파를 외면하지 않고 함께 살아야 한다는 공동체 정신을 발휘한 결과이다. 한 민족이 일체감을 느끼는 데는 이처럼 물질적인 기반을 나누는 것이 필요하다. 물질을 나누는 것 외에 민족을 하나로 만드는 데 필요한 것은 무엇일까? 여호수아 22장이 그 질문에 대한 단서가 된다.

여호수아 22장에는 요단 동편을 차지한 두 지파 반과 관련된 이야기가 나온다. 이들은 비록 요단 동편의 땅을 분배받았지만, 요단 서편의 아홉 지파 반이 다 땅을 정복하고 분배받을 때까지 함께 싸움에 동참하였다. 그래서 22장에서 여호수아가 이들의 공적을 치하한다.

그런데 요단 동편에 땅을 분배받은 이들은 요단강 가에 큰 단을 세운다. 이 소식을 들은 요단 서편 사람들은 요단 동편의 여호와를 위한 단 외에 다른 우상을 섬기는 단을 세운 것으로 오해해서 깜작 놀란다. 그 결과 요단 서편의 지파들은 제사장 비느하스를 단장으로 하는 진상 조사단을 파견한다. 비느하스는 격노한 목소리로 하나님께서 그를 떠나 다른 신을 섬긴 죄로 브올에서 이스라엘 백성들을 심판하였고, 아간이 범죄함으로 온 이스라엘이 아이 성을 점령하지 못했듯이 한 사람의 범죄가 온 이스라엘에 고통을 주었던 예를 들면서, 요단 동편 지파들의 행동이 이스라엘 전체를 죄악과 심판의 어려움에 처하게 될 것이라고 경고한다.

여기에 대한 요단 동편 사람들의 대답은 훗날 후손들이 잘못하면 요단강이라는 자연적인 지형물을 경계로 마치 요단 동편은 이스라엘에 속하지 않은 것으로 취급하고, 요단 서편은 하나님을 믿지 않는 백성으로 취급하지 말기를 바라는 마음으로 취한 조치라고 설명한다.

이 설명을 들은 비느하스와 진상 조사단은 그 설명을 받아들인다. 그리고 그 설명을 들은 이스라엘 백성들도 그 단을 받아들인다. 그리고 그 단의 이름을 엣("징표"라는 뜻의 히브리어)이라고 부른다. 그것은 여호와가 요단 동편과 서편 모두에게 하나님이 되신다는 징표다. 이렇게 해서 자연적인 경계물인 요단강은 민족을 가르는 경계선이 되지 않고 오히려 하나님을 섬기는 백성들이 요단강 좌우편에 살고 있다는 표시가 되었다.

여기서 이스라엘 백성들이 하나가 된 것은 두 가지 요인이 작용하고 있다. 하나는 요단 동편의 지파들이 요단 서편의 지파들과 함께 싸웠다는 것이고, 다른 하나는 둘이 같은 신앙을 가지고 있었다는 것이다. 어디에 살든지, (1) 동고동락하는 정신을 가지고 물질적인 기반을 서로 나누고, (2) 서로가 서로를 위해 싸울 수 있다면 한 민족이라는 것이다. 그리고 더 근본적인 것은 이러한 유대를 느낄 수 있게 하기 위해, (3) 공동의 신념, 신앙이 있어야 한다는 것이다. 요단강 가에 서 있는 큰 비석은 이처럼 둘이 같은 신앙을 가지고 있다는 것을 상징하고 있다.

2. 생활 속의 이야기

세계 각국에 흩어져서 살고 있는 한민족들이 하나의 공동체로 느낄 수 있는 방법은 무엇일까? 그것은 어디에 살든지 서로의 물질적인 기반을 나누면서 동고동락하는 공동 운명체가 되는 것이다. 한국에 있는 동포들이 해외 동포들의 안정과 번영을 위해 애쓰는 모습을 보인다면 외국에 나가 있는 동포들이 한반도에 있는 한민족들과도 하나라는 일체감을 느낄 수 있을 것이다. 마찬가지로 외국에 나가 있는 한민족들이 한반도의 평화와 번영을 위해 함께 협력한다는 정신이 있어야 한반도의 한민족이 해외 동포들을 같은 민족으로 느낄 수 있을 것이다.

그러나 이렇게 협력하기 위해서는 공통된 이념, 신앙, 가치관이 있어야 한다. 우리 민족과 이스라엘 백성과 다른 점이 있다면 바로 이 점이다. 우리 민족에게도 공통의 신앙이 필요하다. 우리 신앙인들이 이 과제를 감당할 수 있는 지혜와 용기를 가져야 한다. 전 세계에 흩어져 있는 한 민족이 혈연 이외에 공감할 수 있는 신념, 공통된 생각을 신앙 안에서 만들어 가는 것이 우리들의 숙제이다.

3. 묵상을 위한 질문

(1) 전 세계에 흩어져 있는 우리 한민족을 하나로 묶을 수 있는 이념으로는 어떤 것이 있을까?

(2) 그 이념이 신앙적인 내용을 가진 것인가? 신앙과는 어떤 관계를 가질 수 있는 것인가?

4. 결단에의 초청

하나님은 우리들이 하나님 안에서 하나가 되기를 원하십니다. 지역적인 구분이나 세대 간의 구분을 넘어서서 신앙 안에서 하나가 되기를 원하십니다. 하나로 만드는 일에 열정을 가지고 지혜를 구하십시오. 하나님께서 우리들에게 하나되는 마음을 주실 것입니다.

제15과
후대에게 물려줄 신앙의 유산
여호수아 23-24장

1. 성경 이해

여호수아 23-24장은 여호수아의 고별 설교이다. 그리고 23장은 특히 여호와 하나님만 섬기라는 명령이다.

여호수아는 모세의 율법책에 기록된 모든 것을 다 지켜 행하라고 명령한다. 율법을 지키라는 것의 핵심은 다시 이방신을 섬기지 말라는 것이다. 이방신을 섬기지 말라는 명령은 이방민족과 혼인하지 말라는 구체적인 명령으로 다시 표현된다. 만약 이것을 어기면 하나님께서 이 땅에서 이스라엘 민족을 쫓아내실 것이라는 경고가 붙어 있다.

많은 분들이 외국인과의 결혼을 금하는 것으로 이 성경 구절을 오해하기가 쉽다. 그러나 이 성경의 전체적인 내용을 보면, 핵심은 하나님을 섬기라는 것이다. 외국인과 결혼하는 것이 그 외국인이 섬기는 신을 섬기는 것과 동일시되기 때문에 금지하는 것이다. 즉, 외국인과의 결혼 자체가 문제가 아니라, 그 결혼을 통하여 순수한 신앙을 잃게 되는 것이 문제가 되는 것이다.

이런 점에서 본다면 외국인과 결혼하더라도 신앙인과 결혼하는 것을 금하는 것이 아니다. 여호수아의 명령을 제대로 이해한다면 오히려 같은 한국 사람끼리 결혼하더라도 신앙이 없는 사람과 결혼하는 것이 더 큰 문제를 일으킨다는 것이다.

이 성경구절은 결혼문제만 관련해서 읽으면 부족하다. 왜냐하면 여호수아의 핵심은 하나님을 섬기는 것과 다른 신을 섬기는 것을 겸하지 말라는 의도가 있기 때문이다. 이것은 결혼 문제만이 아니라 하나님을 섬기는 생활태도의 순수함을 지키라는 명령인 것이다. 하나님을 섬기는 사람으로서 다른 세상의 욕심과 세상의 쾌락을 겸하여 섬기겠다는 어정쩡한 태도를 버리라는 것이다. 사실 요즈음 현대 세계를 살아가는 우리들에게는 지리적인 경계나 부족의 경계가 뚜렷하지 않다. 우리들은 하나님을 믿지 않는 불신자들과 매일 매일 섞여서 살고 있다. 아미쉬(Amish) 사람들처럼 자기들만의 부락을 이루고 살지 않는 한 우리들은 공립학교에 자녀들을 보내고, 세상의 불신자들과 같은 직장을 다니고 사업을 하게 된다. 이런 상황에서 우리들을 신앙인이라고 구분 짓는 것은 물리적인 경계선이 아니라 우리 심령에 있는 경계선이다. 즉, 하나님이 하라는 일을 하고, 하나님이 하지 말라는 일을 하지 않는 것이 우리들의 신분을 표시하는 신앙적인 경계선이 된다. 여호수아가 지금 명령하는 것은 바로 그것이다.

만약에 신앙인이 신앙인으로서의 품위와 자존심을 잃어버리고, 돈을 벌기 위해 모든 수단을 다 사용하고, 세상에서 출세하기 위해 불신자와 같은 수단을 쓴다면 하나님의 도우심과 은총을 기대할 수 없다. 아니, 오히려 하나님이 사랑하시기 때문에 징계를 당할 수가 있다.

이어서 24장에는 하나님만 섬겨야 되는 이유로 역사 속에서 경험한 하나님의 사랑과 능력이 자세히 기록되어 있다. 출애굽 시키실 때에 보여주신 하나님의 능력과 광야에서 닥친 수많은 유혹과 시험에서 이기도록 도우신 하나님의 사랑을 다시 이야기한다.

그리고 모세가 이스라엘 백성에게 율법책을 전수하였듯이 여호수아도 율법책을 전수한다. 즉, 세겜에 모인 백성들은 여호수아가 전수한 율법을 책에 기록하고 큰 돌을 취하여 여호와의 성소 곁에 있는 상수리나무 아래 세우고 증거로 삼는다.

그러나 모세와 여호수아가 다른 점이 있다. 모세는 여호수아를 후계자로 세우고 그 후계자가 해야 될 구체적이고 명확한 사명을 부여한 반면에, 여호수아는 후계자를 세우지 못하였고 구체적인 민족의 진로도 정하지 못하였다. 모세는 여호수아에게 가나안 정복이라는 사명을 주었다. 그러나 가나안을 정복한 여호수아는 그 다음 세대가 하나님 신앙을 저버리지 않아야 된다는 원리는 강조하였지만, 실제로 구체적으로 무엇을 해야 하는지 알려주지 않았다. 물론 이방 신을 섬기지 말고 이방 여인과 결혼하지 말라는 내용은 있지만 무엇을 하지 말라는 내용 가지고는 부족하다. 무엇을 하라는 내용이 있어야 한다.

그 결과, 이스라엘 백성들은 여호수아의 사는 날 동안, 그리고 여호수아와 함께 하나님의 사랑과 능력을 경험한 사람들이 살아 있는 동안은 하나님을 섬겼지만, 그 세대가 다 죽고 난 후에는 바로 사사의 시대, 하나님을 모르는 백성들이 자기들 소견에 옳은 대로 행하는 시대가 시작된다. 여호수아의 생애는 아름다웠지만, 그 후의 신앙의 후배들이 이어가지 못했다는 사실은 우리 이민 동포들에게도 중요한 교훈을 준다.

2. 생활 속의 이야기

　우리가 이 땅에서 신앙생활 잘하고 미국 사회에 잘 적응하는 것만으로는 부족하다. 미국 사회에서 살아남는 것만이 목표가 된다면, 우리는 여호수아처럼 이 땅을 정복하고 살아남고 재산을 모으고 출세를 할지는 모르지만, 우리의 후손들은 이제 신앙과는 상관없는 삶을 살게 될 것이다. 그리고 미국의 개인주의를 그대로 받아들여 각자 자기 소견에 옳은 대로 사는 사사시대를 살게 될 것이다.

　이것을 방지하기 위해서는 우리 이민 1세들이 가졌던 구체적인 목표처럼, 이민 2세들도 구체적인 목표를 설정해야 한다. 이민 1세들은 자녀교육과 미국 사회 정착이 구체적인 목표였다. 이민 2세들은 이제 미국 사회의 지도자가 되어 신앙으로 미국을 인도한다는 신념 하에 미국의 정계, 재계, 언론계, 종교계, 학계에 진출할 수 있는 구체적인 목표를 세워야 한다. 그리고 그것을 통해서 한반도를 신앙적인 방법으로 통일시키고 번영하도록 하는 일에 기여하고, 한민족의 정체성을 지키면서 신앙적인 민족 발전을 도모한다는 생각을 가져야 한다. 만약에 우리들이 이처럼 우리 민족을 하나로 묶는 신앙적인 이념과 원리를 갖지 못한다면, 우리들은 개인적으로는 성공하는 몇몇 소수가 있을 수 있지만 사사시대의 이스라엘이 될 것이다. 이것을 위해 기도하는 가운데 하나님의 응답을 받는 지도자들이 나오기를 간절히 기도한다.

3. 묵상을 위한 질문

(1) 미국 땅에서 살아가야 할 우리 자녀 세대들에게 넘겨줄 구체적인 사명으로 무엇을 주어야 할 것인가?

(2) 신앙인으로서 내가 이 땅에 남기고 싶은 유산은 무엇이며, 그것을 위해 지금 하고 있는 일은 무엇인가?

4. 결단에의 초청

하나님이 우리들에게 이 아름다운 땅으로 오게 하신 것은 이 땅을 주님이 원하시는 곳으로 만들라는 사명이 있기 때문입니다. 특히 우리 후손들이 이 땅에서 하나님을 믿는 신앙을 가진 지도자들로 각처에서 활약할 수 있도록 키울 사명이 있습니다. 이 사명을 이루기 위해 무엇을 해야 할지 기도하고, 기도하여 응답받은 일들에 전력 추구합시다. 주님이 우리와 함께 하실 것입니다.

www.ingramcontent.com/pod-product-compliance
Lightning Source LLC
Chambersburg PA
CBHW011309060426
42444CB00039B/3451